Une chronique, échevelée

Valérie. B

Table des sujets

Avant propos

Bien des choses m'agacent, des évènements, des personnes, des analyses ou ce qui en tient lieu. J'y vois la facilité, l'hypocrisie, le mensonge, l'impéritie et l'arrogance érigés en compétence, en vertu. Souvent sont-ils informes et tiédasses quoique parfois virulents et grossiers. Sans doute est-ce là leur seul relief.

Mon propos est probablement trop entier. C'est là une liberté que vous m'accorderez, je l'espère. Nulle autre intention dans mes propos, que celle de mon inspiration et de mon désaveu de ce que j'entrevois. Une colère enfantine, sincère. Je la partage pour en faire quelque chose, sans doute.

Vous et moi nous baladons au gré de mes envies et de quelques expériences et anecdotes dont l'intérêt, je l'admets, reste relatif. Tout comme mes observations et mes conseils. À vous de voir.

Bien humblement et toujours impressionnée, j'invite quelques auteurs dont le propos m'a procuré de l'émotion, par leur justesse, leur rigueur, leur audace ou leur humour. J'aime en partager le goût.

Enthousiaste toujours, je revendique mon optimisme presque juvénile et ce goût croissant pour un esprit critique voire une irrévérence que j'estime nécessaires.

De grâce, ne cherchez aucune logique dans le choix et la succession des thèmes. C'est une grappe de raisin (ou de raison). Picorez.

Faites-vous plaisir !

1. Quelques concepts et autres notions

1.1 Du courage

Pour Platon, il est avec la sagesse, la tempérance et la justice, vertu cardinale. Pour Aristote, un juste milieu entre deux vices à savoir la lâcheté et la témérité. Ces deux références ne sont qu'illustration arbitraire et partielle de la question au plan philosophique.

Au-delà de ses acceptions ordinaires, osons un pas de côté à propos du courage. Il est généralement admis qu'individuel et/ou collectif, il consiste à assumer un rôle, à supporter une épreuve, à vaincre quelque ennemi, à surmonter une peur, un obstacle, avec force volonté. Il est ainsi courage de dire, de faire, d'être.

Notre société est en proie à des découragements que d'aucuns, prétendent abhorrer, incitant à les combattre. Les exhortations croissantes au courage - peu importe leur objet - ne sont-elles pas aujourd'hui le corollaire d'impératifs d'acceptation, de subordination, de conformité, dans un espace et un temps de plus en plus étriqué ? L'exhortation enflerait-elle à mesure que le sens s'étiolerait ?

Est-il possible de se saisir, en qualité de citoyen, du courage non comme devoir et nécessité mais comme droit et liberté ? Un élan d'abord intérieur.

"En notre siècle, où la politique est devenue destin, où l'on joue dans les luttes entre partis et entre nations le sort des siens, de sa patrie, de son âme même (le vainqueur pétrira l'âme de nos enfants), comment se satisfaire de la vraisemblance, comment de ce qui est non le bien mais le préférable et le moindre mal ?"

Extrait de la poste face de Raymond Aron à l'essai d'Arthur Koestler « Le dieu des ténèbres » publié en France en 1950 avec la collab. de Ignazio Silone, Richard Wright, André Gide, Stephen Spender et Louis Fischer.`

1.2 De la réussite

L'évolution - professionnelle et/ou personnelle - est très souvent assimilée à une ascension convoquant conjointement effort, élan, performance, circonstances, opportunités ou quelque talent, etc.

Si évolution et ascension demeurent, coûte que coûte, principe, deux questions liminaires s'invitent :

Pour quoi ? Jusqu'où ?

Construire notre chemin en cheminant comme le suggèrent Euclide et Machado notamment est un principe de réalité trop souvent négligé.

Qu'importent pentes, détours et arrêts, pourvu que l'on sente toujours la *Terre* sous nos pieds.

"Je m'estime peu quand je m'examine beaucoup quand je me compare."

Auguste, comte de Villiers de l'Isle-Adam. Contes cruels (1883.

1.3 De la confiance

On l'inspire, l'accorde, la fait ;

L'on s'en montre digne ou la trahit...

Elle est confirmée, renouvelée, suspendue ou retirée.

Elle est mouvement, ni monolithique, ni statique ni acquise, ni perpétuelle.

Brandie, évoquée ou invoquée, elle n'a pleine valeur et sens qu'interrogée voire interpellée.

Et, me semble-t-il, fidèle à sa nature, elle se plaît ainsi...

1.4 Du silence

Ici une ode au silence, à ce *faire silence* si cher et si précieux. J'aime me rappeler que le silence désigne étymologiquement l'acte de se taire et non pas l'absence de bruit ou de parole. J'y vois aussi, non pas la privation de l'expression mais ce *faire silence* expression de la sagesse (sôphrosunê) des anciens fondée sur la retenue, le sens de la mesure, le respect et la bienveillance.

Savourez, encouragez et parfois exigez ce silence

"Ce qui distingue un homme sain d'un aliéné, c'est précisément que l'homme sain a toutes les maladies mentales, et que l'aliéné n'en a qu'une."

Robert Musil. L'homme sans qualités. Seuil. 1995

1.5 De la critique

Elle tient comme le suggère son étymologie grecque et la pratique "philosophique", à un délicat exercice de discernement ; une posture s'évertuant à démêler le vrai du faux, le juste de l'injuste, le bon du moins bon. Elle est un examen raisonné et objectif, en vue d'apprécier la valeur ou la validité ce que qui est "proposé". C'est donc examiner, analyser, apprécier, commenter.
Une telle critique loin de déconsidérer des perspectives, émotions et expériences humaines les sert et les renforce, à l'aune d'une nécessaire exigence.

1.6 De la conviction

Que nous partagions la nôtre ou qu'une personne partage la sienne, la conviction tient du sentiment, de l'état d'esprit à considérer une chose comme hors de doute(s).
Elle peut être le résultat d'un processus de réflexion véritable, d'une analyse critique sérieuse mais aussi le fruit d'influence(s), de prosélytisme voire de manipulations.
Elle n'est, seule, jamais démonstration, ni raisonnement.
Quels que soient le sujet, les circonstances et les enjeux, voilà qui incite à l'accueillir et à la partager avec un bel enthousiasme autant qu'une légitime circonspection.

1.7 De la cohérence

1.7.2 De ses déclinaisons à son déclin ?

Quels que soient le périmètre ou la nature des activités humaines, la cohérence ferait-elle défaut alors même qu'aucune entreprise, organisation ou nation n'échappe aujourd'hui à la complexité des défis et enjeux, à des (inter) dépendances (choisies, subies et/ou camouflées) ni à quelque paradoxe ?

Certains observateurs fustigent le mépris d'une rigueur minimale, d'autres dénoncent l'inconnaissance érigée en vertu pendant que quelques autres invoquent les avatars d'un entre-soi inepte et d'un élitisme déliquescent.

Certaines de ces pratiques présidant à quelques destinées, tous s'accordent à leur reconnaître une cohérence commune, celle d'échapper à tout entendement.

Cela expliquerait que quelques figures (d'autorité) prétendument en charge du bien et du bien commun :

- S'exonèrent de rigueur, de compréhension, de vérification et d'arbitrage des éléments d'analyse ;
- S'exemptent de rendre compte, d'écouter puis d'ajuster propositions et postures, contrevenant ainsi aux valeurs qu'ils agitent tels des étendards ;
- S'affranchissent de leurs obligations pourtant claires ?

Ces usages prospéreraient-ils à la faveur d'une réception passive sinon paresseuse de qui en est l'objet ou le sujet et d'un sens critique émoussé ?

La cohérence serait-elle à cet endroit, également interrogée ?

1.7.3 De la simplicité de ses déclinaisons

Les activités humaines sont aujourd'hui confrontées à une complexité croissante. Le besoin de sens et d'équilibre(s) mobilise la cohérence. Celle-ci est sage quoique coquette.

Pour se traduire dans un résultat, elle tient à d'abord inspirer la méthode, les outils, la posture y menant. Elle a, me semble-t-il, son élégance empreinte d'humilité, de rigueur et d'éthique ; elle (se) dispense de la certitude de savoir et du goût de la péroraison.

Elle paraît moins soucieuse d'absolu que d'une attention à la relativité des choses.

Partant, *ignorer* la cohérence ou *l'exacerber* est pareillement préjudiciable.

Alors ? S'agissant de défis, enjeux, interdépendances, assujettissements et autres paradoxes, quiconque entend être utile, gagnerait à :

⇒ Les identifier ;

⇒ Les nommer avec précision et les communiquer;

⇒ Les intégrer à une démarche de compréhension et d'action.

La vertu de la (quête de) cohérence, dont il faut admettre qu'elle ne peut être ni totale ni définitive est sans doute là. Ainsi permet-elle de concilier d'apparentes contradictions au profit de choix consensuels. Imaginons, par exemple, que ces derniers puissent être démocratiques plutôt que géopolitiques, nationaux plutôt que transnationaux, humanistes plutôt qu'économiques, concrets plutôt que fantasmagoriques, etc.

N'est-ce pas, au fond, ce qui permet et promet de belle après-midi évoquée dans ma première réflexion ?

1.7.4 De son expression

La cohérence et la communication sont unies par les liens du sens et de l'intention, se rendant de mutuels hommages...

Au service ou au mépris de la cohérence, la communication est là encore significative : tantôt probante, rigoureuse et utile ; tantôt ostentatoire et manipulatoire.

- *Y être attentif - en qualité de destinataire - est toujours éclairant ;*
- *En être soucieux - en qualité de destinateur - est toujours efficient.*
  Toujours.

Quelles que soient vos position ou fonction, songez-y.

"Les choses ne sont plus ce qu'elles sont, elles sont ce que l'homme les fait, au moyen de machines. Et il entre désormais dans la nature des choses que les choses changent de nature. De plus en plus vite. (...)

Dans cette épreuve permanente de concurrence, la moindre innovation l'emporte désormais sur le meilleur prix, invincible à ce jour. Et la notion d'obsolescence ou de désuétude, qui traduit le vieillissement précoce des choses, acquiert chaque année une jeunesse plus vigoureuse. (...)

La vie toujours plus brève des objets, des hypothèses, des brevets, contraste avec la longévité croissante des humains. L'art seul, le meilleur de l'homme, accède à l'éternité : ne devant rien à la machine, il peut lui survivre. Salaire de la gratuité.

La science enterre à mesure qu'elle découvre, la technique oblitère à mesure qu'elle innove. (...)

Le vrai même se périme. Il était jadis d'un siècle ; naguère, d'une année ; aujourd'hui d'un instant. Et l'homme ne sait plus à quelle vérité se vouer, puisque « toute idée devient fausse, comme dit Alain, au moment où l'on s'en contente ». (...)

Une seule chose reste certaine de nos jours : le changement. Et la plus utopique de toutes les utopies serait de croire notre univers stable."

Georges Elgozy. Automation et humanisme.

Calmann- Levy. (1968)

1.8 De la compétence

Je ne cesse de m'interroger sur le flou terminologique et autres *allants de soi* entourant certaines notions du management et de l'entreprise.

Je note ainsi et régulièrement quelque subtile assimilation entre qualification et compétence, compétence et qualité, besoin et attente, organisation comme processus et comme résultat… Tout cela faisant le lit de bien des *malentendus.*

Je me rappelle la définition de la compétence de Michel Serres qui s'insère dans le prisme l'autorité (autre notion malmenée) : *Combinaison de connaissances, de savoir-faire, d'expériences et de comportements s'exerçant dans un contexte précis.*

Contexte. Précis.

Imaginons d'admettre et de conjuguer toujours la complexité du réel (chère à E. Morin), la subjectivité des postures et des propos, les tâtonnements permanents, l'exigence de rigueur (de l'analyse et du discours) afin de comprendre et d'adapter, durablement.

La compétence supposant toujours le tiers, ne doit-elle pas être caractérisée, confirmée et évaluée selon des modalités, des efforts, une cohérence à clairement déterminer ?

On connaît bien la culture des betteraves, on connaît mal la culture du mou. Aujourd'hui chacun cultive le mou comme son potager. Le mou de la pensée, le mou de la parole, le mou des sentiments. Culture qui refuse le danger, la polémique, la révolte, le chiendent, qui recherche éperdument l'acquiescement. Celui qui protège, préserve, sécurise. Le désaccord fait peur.

Daniel Accursi. La Pensée molle. Gallimard. 2001

1.9 Des émotions

Quels que soient les circonstances, la nature des événements, l'environnement, les protagonistes, les émotions, aussi vives soient-elles, ne privent ni n'exonèrent de l'effort de compréhension, de la quête d'objectivité. Elles y convient ! Intelligence naturelle, peut-être…
Elles ne sont ni positives ni négatives. Elles sont. Simplement.

"L'idée selon laquelle le bonheur réside dans des facteurs externes est un jugement a priori, c'est-à-dire que la majorité des gens ne perçoit même pas que le bonheur pourrait être autre chose."

C.G. Jung. Extrait de Psychologie et philosophie : Conférences
Zofingia (1896-1899).

1.10 De l'autorité

Le mot autant que l'idée d'autorité sont malmenés, connotés. Platon, Montesquieu, Diderot, H. Arendt, R. Rémond, J. Maritain et tant d'autres n'ont pas épuisé le sujet ; ils l'ont éclairé. Avant d'être une notion, l'autorité a été une réalité, un fait social, apparemment universels.

Elle répond à la conviction - fondée ou non – qu'elle sert la cohésion et la survie du groupe. Si elle suggère les notions de hiérarchie et d'inégalité, heurtant les valeurs de la démocratie, elle est pourtant l'exact opposé de l'autocratie et de l'autoritarisme. Elle entend veiller, aux intérêts du groupe et à ceux des individus le composant. Elle convoque pareillement les notions de légitimité, de consensus, de délégation, de compétence(s) et d'Éthique. Enfin, son rapport au temps est déterminant puisque l'idée de renouvellement (de celui l'exerçant) est tacite. La référence à l'*Auctor* permet bien de comprendre que peut être détenteur de l'autorité, celui qui pose un acte fondateur et se porte garant de l'œuvre commune. Le dessein de l'autorité est bien l'*autonomie* de ceux sur lesquels elle s'exerce.

2. Des qualités, des attributs

2.1 De la galanterie

D'aucuns considèrent la galanterie comme l'expression de la culture française, une pratique seulement hexagonale ; d'autres comme un mythe. Certaines y voient avant tout une construction propice à la domination masculine... La polémique n'est pas nouvelle. Au XVIIIe siècle, déjà, les esprits des Lumières s'opposaient à la galanterie, contraire du sentiment, bassesse ou mensonge... J'entrevois à la fois d'autres perspectives et d'autres préoccupations. Je postule autant que je revendique la capacité individuelle de discernement et de réaction des femmes et leur libre arbitre. Préjugeons celle des hommes à interroger leur mobile voire à opérer quelque ajustement.

Est-il inconcevable de voir et d'apprécier l'élégance, la courtoisie, la politesse dans la galanterie ? Cela même que nous défendons en vilipendant muflerie ou grossièreté. Au fond, la question ne tient-elle pas à l'intention des hommes et des femmes quant à l'usage et à la réception d'une galanterie, plurielle dans ses déclinaisons ?

2.2 De la gentillesse

La gentillesse est pour moi vertu, qualité suprême souvent assortie d'une élégance, tangible, accessible. À l'heure de la surenchère fumeuse de discours sur la bienveillance et la bienfaisance, je m'étonne que la gentillesse soit encore, pour certains, niaiserie ou crédulité.

J'ai savouré les livres d'Emmanuel Jaffelin *Petit éloge de la gentillesse*, et *Éloge de la gentillesse en entreprise*. Il y assimile la gentillesse à une morale postmoderne dénuée de culpabilité ; une morale praticable dans une société parfois en proie au cynisme.

Une empathie chaude, dit-il, une forme d'intelligence.

2.3 De la sincérité

Un bref détour par la posture du philosophe nous dit de la sincérité qu'elle est corrélée à sa façon d'appréhender sa vie et de lui donner du sens. Elle mobilise l'intensité de son engagement envers la vérité qui, lui, suppose l'autonomie de son jugement (vs éthique et conduite du jugement)

Comme beaucoup, je crois sincèrement que la vérité se cherche plus qu'elle ne se trouve ou se détient. Cela d'ailleurs me rassure.

Pour le sens commun en revanche, la sincérité est qualité de celui ou de celle qui exprime des sentiments réellement éprouvés, qui ne cache pas ses pensées ; tantôt vertu, tantôt risque.

Ce sens commun succombe à une confusion préjudiciable de la sincérité et de la vérité.

Objet de tant de convoitises, rappelons que la vérité ne varie pas en fonction de la disposition psychologique de qui la clame, l'acclame ou la confisque. La vérité - d'une proposition - tient soit de la démonstration, soit de l'expérience. Ainsi, que d'aucun soit ou non sincère ne change rien au fait que dans le cadre de la géométrie euclidienne tous les angles droits sont égaux entre eux. Indépendamment des circonstances de son énonciation cette proposition est et reste vraie.

De manière très pragmatique, nous pourrions considérer que:

- La vérité se définit notamment par l'accord de la pensée avec le réel
- La sincérité se définit par l'accord du discours avec la pensée.

Il est ainsi possible à une personne disant ce qu'elle pense d''être dans l'erreur. Rappelons-nous de surcroît que dire ce qu'on pense ne signifie aucunement qu'on a pensé.

Éventuellement surpris à propager cette erreur, cette même personne pourrait, arguer de sa bonne foi et affirmer qu'elle se trompait sans intention de mentir ni de tromper quiconque...Soit.

Dans notre tâche impérative de compréhension (des pratiques, des intentions, des discours, des enjeux, et des événements, etc.) distinguer sincérité, vérité, erreur et mensonge nous éclaire toujours, au prix de quelque effort et parfois de déceptions.

3. Société, gouvernance(s) et bureaucratie

"Je souligne toujours l'écart entre légalité et légitimité.
Je considère la légitimité des valeurs plus importante que la légalité d'un État.
Nous avons le devoir de mettre en cause, en tant que citoyens, la légalité d'un gouvernement.
Nous devons être respectueux de la démocratie, mais quand quelque chose nous apparaît non légitime, même si c'est légal, il nous appartient de protester, de nous indigner et de désobéir."

Stéphane Hessel, Entretien dans l'hebdomadaire "Politis"- 18 novembre 2010

3.1 Démocratie, histoire, culture, risque

On doit à Abraham Lincoln, président des États-Unis de 1860 à 1865, d'avoir déclaré 1863 à Gettysburg que la démocratie était le gouvernement du peuple, par le peuple et pour le peuple. Son étymologie en est là valorisée.

La souveraineté appartiendrait donc au peuple, qui choisit ceux qui le gouverneront.

L'idée de peuple doit-elle être précisée ? À moins que ce ne soit celles de souveraineté, de gouvernement, de politique, de choix ?

Examinons quelques notions et valeurs tantôt proclamées consensuelles, tantôt niées et bafouées telles que nation, histoire, culture… Mâtinons tout cela de nature humaine.

Je suis abasourdie par l'entêtement de certains à prôner et à pratiquer, sans vergogne, une "démocratie" contraire à ses fondements.

Les choses sont finalement assez simples. Que la démocratie, dans ses manifestations, contrarie les aspirations et projets de qui s'en proclamant le défenseur, l'accapare voire la confisque, ne doit pas nous dissuader de l'exercer. Elle doit au contraire, nous y obliger, n'en déplaise à quelques démocrates d'opérette. Que ses effets s'opposent à l'air du temps, à des ambitions géopolitiques et économiques opaques mais cosmétiquées, à une propagande savamment orchestrée, n'entame pas la légitimité du peuple à se prononcer, à choisir.

Que d'aucuns soient autant oublieux des fondements de la démocratie traduit leur mépris des compétences et droits qu'ils reconnaissent aux citoyens. Les espèrent-ils sous tutelle, incapables majeurs dont ils feraient le bonheur malgré eux ? Après la pensée unique, la pensée inique ?

La démocratie existe-t-elle au risque de quelques déconvenues ? Heureusement, faute de quoi elle s'appelle dictature ! Est-elle source d'apprentissages ? Assurément et ces tâtonnements, souvent lents parfois douloureux, sont le berceau du progrès véritable, sans cesse interrogé et adossé à l'histoire.

Qu'en est-il de notre mémoire ? Elle m'apparaît sélective, partielle, très peureuse. Ce faisant, elle flotte au gré d'aspirations politiques et économiques dont les prévisions et les conséquences sont pourtant accessibles.

Merdre !

"La démocratie est un rassemblement de gens en désaccord, dont les vues divergent mais qui n'essaient pas d'imposer leurs vues aux autres."

Shimon Peres. Discours en tant que Président *du Peres Center For Peace* à l'université de Liège en janvier 2009.

3.2 Élections

Je ne peux m'empêcher de songer à l'acuité et à la lucidité des analyses de Jean-Paul Sartre. Bousculant nos certitudes en matière de démocratie, il voulait l'assortir de droits concrets (et non seulement abstraits).

Le système électoral, dominé par quelques grands partis, hérauts autoproclamés de la démocratie, était, à son avis, profondément mystificateur et l'alibi à de "fausses démocraties".

Au-delà de son *Élections, piège à cons* de 1973, sa critique des institutions politiques contemporaines et de leurs idéologies mystificatrices peut éclairer notre nécessaire réflexion. Il déplorait la capacité de certains leaders et dirigeants politiques de mener une politique contraire à ce que veut l'électorat, de capter et de manipuler l'opinion publique à l'aide des médias et à renfort de spectacles.

Cette "société du spectacle » décrite, décortiquée et honnie par Guy Debord est désormais en représentation permanente.

Victimes consentantes ou résignées, nous en consommons et alimentons les images...Mais est-ce la réalité ? N'est-il pas temps de (re)constituer des « agora » et du « temps vécu », des nuits et des jours debout ?

3.3 Des histoires à l'Histoire

Je redouble toujours de prudence quand on invoque les fastes d'un passé dont on reconstruit souvent la teneur en l'exonérant de son contexte…

Ainsi notre diplomatie et notre politique internationale ne furent-elles que l'expression d'un humanisme éclairé et éclairant, la traduction d'une conscience politique désintéressée, nimbée d'Éthique et transparente ?

N'étaient-ce pas plutôt les modalités de communication et d'information qui permettaient de soigneusement sélectionner les événements, les enjeux, les négociations et les personnes que l'on souhaitait exposer aux feux de la rampe médiatique ?

Ainsi, nous aurions perdu notre lustre, sur un échiquier, dont nous comprenons qu'il ne nous appartient qu'en copropriété ?

Georges Bernanos disait : Les démocraties ne peuvent pas plus se passer d'être hypocrites que les dictatures d'être cyniques.

Comme je le disais, je m'interroge : faut-il aujourd'hui plus de lumière ou simplement ouvrir les yeux ?

"Gardons-nous bien de suivre, à la manière des moutons, le troupeau de ceux qui précèdent en allant non pas vers où il faut aller, mais simplement où vont les autres.

Car rien n'entraîne à de plus grands malheurs que de se conformer à la rumeur publique, en estimant que les meilleurs choix sont ceux du plus grand nombre, de se laisser conduire par la multiplicité des exemples - cela parce que nous vivons non d'après la raison mais dans un esprit d'imitation."

Sénèque. De la vie heureuse (De Vita Beata), Edition Arléa,
Paris, 1989.

3.4 Un ministère de la Santé

Voilà bien longtemps que je m'interroge sur la pertinence non d'un tel ministère mais de sa dénomination à l'aune des multiples appropriations, controverses et autre allant-de-soi dont la "santé" est l'objet…

Les mots ont, font et produisent du sens voire de l'action : par santé qu'entendons-nous… faire ou pas ? Au-delà de toutes perspectives et vulgates presque positivistes qui promeuvent et défendent ces états d'équilibre(s) et d'harmonie, imaginons, plutôt un *ministère des maladies, des handicaps, des soins, des prises en charges et de la prévention*, etc.

Le propos est certes moins réjouissant moins honorifique. Du cru du vrai, du pénible, un brin pragmatique !

Puis imaginons ensuite, les moyens, méthodes, postures qu'ils devraient logiquement mobiliser, à l'appui d'un humanisme actif et d'une pareille responsabilité de chacun. Quelque chose qui soit soutenable, durable, capable de questions et de remises en question. Pragmatique encore. Deux secondes d'introspection, collective et individuelle, hétérodoxes, j'en conviens...

3.5 Notre habitat

Selon l'INSEE, l'habitat individuel représente (en 2023) 55,1 % des logements : il serait majoritaire parmi les résidences principales comme parmi les résidences secondaires et les logements occasionnels.

Cela ramène à 44,9 % la représentation de l'habitat collectif. J'admets que cette répartition me surprend.

Voilà sans doute qui explique la déferlante des aides et incitations de l'État à la rénovation et autre transition énergétiques desdits habitats et le désintérêt de zélés interlocuteurs pour l'habitat collectif et la copropriété.

Et soudain je songe à nos dirigeants découvrant sincères autant que dépités de si nombreux bâtiments, notamment urbains, dont a construction ancienne ignorait les normes actuelles ; normes dont la traduction et la déclinaison se sont en leur temps imposées !

3.6 Du respect des règles et lois

Avez-vous noté combien nous sommes prompts, indignés, à vilipender qui enfreint règles, règlements et autres lois ? Dans le même temps, nous sommes pareillement diligents à nous en exonérer dès lors que cela nous arrange, sans doute soucieux d'exercer *l'exception qui confirme la règle*.

4. L'information : vraiment ?

"Et sans doute notre temps préfère l'image à la chose, la copie à l'original, la représentation à la réalité, l'apparence à l'être… Ce qui est sacré pour lui, ce n'est que l'illusion, mais ce qui est profane, c'est la vérité. Mieux, le sacré grandit à ses yeux à mesure que décroît la vérité et que l'illusion croît, si bien que le comble de l'illusion est aussi pour lui le comble du sacré."

Guy Debord dans la Société du Spectacle (Éditions Gallimard, Paris, 1992, 3e édition) cite Feuerbach (L'Essence du christianisme).

4.1 L'*infobésité*

L'une de nos difficultés aujourd'hui en qualité de lecteur, auditeur, récepteur tient-elle à distinguer l'information, des interprétations et autres suggestions et affirmations qu'elle véhicule ?

J'apprécie la distinction qu'avait opérée Dominique Wolton pour qui *l'information tient du message et la Communication de la relation...*

Ne pourrions-nous espérer un pacte *éthique* grâce auquel presse, média et journalistes renonceraient à diffuser information *préfabriquée* puis rebattue, image évocatrice et prêt-à-penser et les lecteurs et auditeurs à les ingurgiter en spectateurs ? N'est-il pas question d'une quête, peut-être naïve mais nécessaire de vérité et de justesse ?

Ainsi, par la sagesse du plus grand nombre et tout en acceptant la fragilité de certains, la tentation de la censure et de ses subtiles déclinaisons, serait intolérable et impossible.

.

"La liberté d'opinion est une farce si l'information sur les faits n'est pas garantie et si ce ne sont pas les faits eux-mêmes qui font l'objet du débat."

Hannah Arendt, La Crise de la culture, Gallimard 1989

4.2 Info – infox – intox...

Il est judicieux de repérer infox/ fake news et/ou intox sur les sujets essentiels qui dépassent secrets d'alcôve ou de polichinelle. Les démarches et outils de vérification sont accessibles au prix de quelque effort et de volonté.

Loin d'être un produit industrialisé et distribué, l'information me semble fruit d'un travail de récolte, de tri, d'analyse puis de diffusion. Ou le devrait.

La posture et l'éthique journalistiques, notamment, me semblaient devoir systématiquement articuler investigation, vérification et recoupement au service de la réalité/vérité objectivées plutôt que de la seule vraisemblance et autre *musique* du temps...

Il me paraît utile de bien distinguer *fake news* et autres *infox* de la désinformation ou de la sous-information. Ces dernières tiennent pour qui en fait usage du pouvoir ou de la volonté de taire ou de dissimuler des éléments constitutifs du réel.

En matière d'*information*, trois maux nous guettent en permanence : la noyade, l'asphyxie, l'électrochoc. Tout cela nous éloigne d'une juste et légitime appréhension des choses qui nous regardent.

"Information : Faisceau de données indispensables pour ne pas décider."

Georges Elgozy, L'esprit des mots ou l'antidictionnaire. Denoël, 1981

4.3 Des images : voir ou ne pas voir le monde

Je me rappelle le slogan de Paris Match *Le poids des mots, le choc des photos* (1978 à 2008) Il y avait alors des mots, une élaboration langagière et des signatures singulières et assumées. Quelques rivalités entre magazines et journaux. La vie des idées, des clichés, du réel capturé.

Le photojournalisme avait sa raison d'être : capturer l'événement, le partager, le prouver. *Une image vaut mieux que mille mots,* le photojournalisme tenait à témoigner directement, le plus objectivement possible. Authentiquement. C'était un état d'esprit à l'appui *d'un temps et d'un effort d'écriture* et de ceux concomitants *de la lecture.*

Qu'en est-il aujourd'hui dans et hors des sphères médiatique et journalistique: *le poids des images, le vide du propos* ?

La fabrique de l'information visuelle au service de celle du consentement ? L'information *mainstream* serait-elle gage de concorde et d'harmonie dans un monde qui en est privé ? Ce doit être ça !

"J'ai employé la première un mot nouveau, la vulgarité, trouvant qu'il n'existait pas encore assez de termes pour proscrire à jamais toutes les formes qui supposent peu d'élégance dans les images et peu de délicatesse dans l'expression."

Madame de Staël-Holstein. De la littérature considérée dans ses rapports avec les institutions sociales (1800

5. Des aberrations du quotidien

5.1 De la mode

Vêtement ou parure ? Mode ou diktat ? Langage ou propagande ? Haute-couture ou prêt-à-porter ? Et dans les défilés : femme ou cintres ?

« Soyez différentes ! » Mais de qui, où et quand ? « Sans femmes plus d'hommes » Que voilà un propos ambigu ! (Je plaisante !)

Et pourtant, plus de 60 % des collections de prêt à porter sont dessinées par des hommes, qui par ailleurs occupent la plupart des postes clefs dans l'industrie de la mode (prêt-à-porter et Haute-couture). Certains y conçoivent une mode hyper féminisée avec des codes fantasmatiques et des standards préjudiciables aux femmes. Mais... ils trouvent acheteuses !

Konrad Lorenz, en tant qu'éthologue, affirmait « La mode est la méthode la plus irrésistible et la plus efficace de manipuler de grandes collectivités humaines. » Sans doute la parité, à cet endroit, est-elle effective...du côté des consommateurs, évidemment.

5.2 De la vitesse

Agents conversationnels et intelligence artificielle permettraient tant de choses...Il est, semble-t-il, question d'efficacité, de gain de temps, de vitesse.

La pensée de Paul Virilio se rappelle à moi. Pour l'inventeur de la dromologie - ou étude du rôle joué par la vitesse dans les sociétés modernes – la vitesse n'était nullement accessoire.

Elle lui apparaissait centrale dans l'organisation sociale et le contrôle politique. Pour lui, la vitesse réduit le monde à rien. Virilio et Baudrillard, parmi d'autres, avaient compris que le concept de temps était au cœur de l'analyse du capitalisme et d'un monde en proie à une croissance et à une accélération permanentes…

En matière de communication, imaginons une (r) évolution : elle tient à la (re) découverte, à la réappropriation de la réflexion, de l'inspiration, du sens. Elle mobilise le plaisir, la liberté, le droit et la nécessité de l'élaboration, de choisir et de dire… Elle exige, intransigeante, du temps.

À quel prix ? Au risque d'élaborer puis d'exposer une pensée et une écriture singulières, de triompher d'une pensée molle et du discours attendu ? À celui de s'égarer, de se tromper, de pratiquer du mot à maux ? Un danger nous guette fort heureusement : celui de raviver ces mots pour le dire, et de s'autoriser à le faire. Imparfaitement, mais à la lumière de qui et où on est, ou désire aller que l'on soit une personne, une organisation, une institution, un collectif…

Et si prendre voire perdre son temps permettait de le (re) conquérir, de le cultiver avec tant d'autres choses, pareillement essentielles…

5.3 Sortir de sa zone de confort

Saperlipopette ! Voilà bien une injonction dont l'effet croît à mesure de son usage surabondant : elle m'horripile.

Douce à l'oreille, apparemment parlante, simple d'accès, tel un mantra, elle continue d'étayer harangues mais aussi dialogues intérieurs. Elle sinue et s'insinue, évidente.

Malheur à qui n'y souscrit pas, semble-t-il, suspect d'une inadaptation chronique voire d'ignorance…

Mais d'où proviennent cette pensée et ces doctrines qui nous enjoignent avec un aplomb confondant, de sciemment renoncer à ce qui nous fait du bien ou nous sentir bien (cf. définition du confort) ? Dans le même temps que les mêmes et d'autres ne cessent d'invoquer voire de promettre bien-être, qualité de vie… Et parfois bonheur. M'enfin !

À quoi tient cette inclination à nous en remettre à d'autres pour déterminer, valider, puis atteindre ou réaliser nos besoins, nos désirs ?

Pour en revenir à nos *moutons*, je me demande si le progrès ou l'innovation pourraient tenir, en 2024, à notre capacité à identifier les espaces et le temps de notre confort, à les cultiver sans rougir et à les revendiquer !

5.4 À bicyclette...

Usager des transports en commun de l'Eurométropole strasbourgeoise, j'étais fière de ma dextérité à y circuler, par nécessité, en automobile. J'esquivais, agacée mais courtoise, nuées de trottinettes et de vélos envahissant rues, trottoirs et autres places au gré des lubies imprévisibles de leurs propriétaires. Je note à cet endroit une exceptionnelle parité de genres.

La *petite reine* promue impératrice, hélas hystérique, je supputais que l'accès à une selle valait, pour qui y trônait, autorisation d'enfreindre lois et règles régissant la circulation sur la voie publique. J'y voyais, parfois amusée, un goût adolescent de la provocation et de l'infraction adossé au don de culpabiliser piétons et automobilistes d'exister encore.

Mais ça c'était avant ! Avant que je ne freine brutalement évitant miraculeusement qu'un cycliste et son jeune enfant, n'ayant pas respecté un stop, ne viennent s'encastrer sur mon capot ou sous mes roues. Cela dit l'enfant était scrupuleusement harnaché à un siège dont je gage qu'il répondait aux ultimes normes européennes.

Le contrevenant dut-il sa survie et celle de son jeune enfant à mon respect de la limitation de vitesse ? Incontestablement !

Tétanisée, je sortis de ma voiture interpellant ce père inconscient. Ce dernier drapé de son indignation, tout illégitime, déclama tel un tribun d'opérette : *Je n'ai pas à respecter le stop, les vélos sont toujours prioritaires !*

Un grand moment, une découverte : l'absurde comme discipline olympique ; le *fanatisme cyclopède* comme arme d'autodestruction. Je songeai à l'inspiration d'Audiard, s'agissant de l'audace de certains…

Plus sérieusement, une intention et une posture écologiques, encourageant avec justesse le déplacement à vélo, peuvent-elles s'accommoder de comportements irresponsables et de l'immunité complice dont jouissent leurs auteurs ?

5.6 Des expertises, des outils, des usages

5.6.1 La boulangère

Les sujets et les préoccupations les plus sophistiqués trouvent dans le pragmatisme quotidien un étrange mais fructueux écho…

J'observai ma boulangère manipulant de sa main droite et avec une dextérité que je lui enviais une jolie pince chromée, presque chirurgicale. Nul contact épidermique. Elle saisissait les petits pains dodus qu'elle glissait dans un sachet. Je lui demandai alors un unique spécimen de brioche se camouflant parmi quelques autres viennoiseries.

Ravie, elle parvint à se saisir de la coquine grâce à sa pince… après avoir vaillamment bousculé de sa gracile main gauche celles qui lui barraient le chemin. Jolie main, belle manucure.

Combien d'outils élaborons-nous ou déployons-nous aujourd'hui dont la vertu et l'utilité premières se diluent ou se perdent au gré d'un usage devenu aussi expert qu'habituel ? Combien de secteurs des activités humaines, de pratiques, de professions, de fonctions ou de responsabilités s'abandonnent-ils à ce glissement ordinaire ?

Et si, avant que de créer et d'introduire nouvel outil ou nouvelle méthode, quelle que soit leur nature, nous observions et veillions à l'usage opportun de ce qui existe déjà...

5.6.2 Le dentiste…

Allongée sur le siège de mon dentiste, ne manquait qu'une pièce musicale de Karlheinz Stockhausen pour parachever mon état de surtension. Coquin d'esprit suggérant l'univers de Bosch plutôt que de Botticelli. J'imaginais là une version postmoderne de *la question*. J'étais disposée à tout avouer, à révéler même ce que j'ignorais.

J'étais incapable de prononcer un mot, la main de mon dentiste engouffrée dans ma bouche me refusant cet ultime sursaut salvateur.

Ma pensée vagabondait. Comme je le suggère souvent dans le cadre de l'élaboration d'une pensée d'un raisonnement, fins, j'adoptais un angle de vue différent.

Ainsi, observais-je, admirative, l'optimisme réjouissant et la candeur pénétrante de mon jeune dentiste. Il était forcément convaincu de pouvoir glisser et l'intégralité de son poing outillé et son avant-bras dans ma cavité buccale. Je le devinais pareillement certain de la plasticité de ma mâchoire et de l'élasticité de mon épiderme. Ces derniers, outrés, s'en offusquaient. Ma luette tremblait. Vu les enjeux, je cultivais la neutralité. J'en paierais plus tard le prix. Mon dentiste, bienveillant, s'enquerrait de mes sensations et je répondais par quelques borborygmes caverneux. Ni chanson de geste, ni dialogue de sourds. Deux monologues étranges.

Ma dent de sagesse, arrogante, le défiant, il se surpassait. Il vaincrait, la sauverait d'elle-même ! J'en étais évidemment flattée, impuissante mais débordante d'espoir. Confiante au plan intellectuel et technique, troublée au plan sensitif. À moins que ce ne fût l'inverse…

Je vous laisse dégager de cette très prosaïque expérience quelques métaphores sur nos pratiques professionnelles, a fortiori, expertes, autant que sur leur réception par autrui.

6. De la personne

6.1 "Être victime de" ou "Être une victime"

Du sens et de l'effet des mots et des énoncés…

Il est essentiel de "bien nommer", de "distinguer" les choses, d'être rigoureux afin de comprendre, d'élucider, d'avancer autrement.

En voici une illustration simple et profonde, dont je me suis maintes fois saisie en observant les effets sur le raisonnement et la pensée, sur la posture et l'action de qui en (a) fait l'expérience ou l'évoque. Un pas de côté, une nuance, précieux.

Être victime de… ≠ Être une victime

6.2 Du problème et de sa solution

À celles et ceux qui sont convaincus d'être le problème, Monsieur de La Palisse le rappellerait : en vertu des belles logique et doctrine qui prévalent alors, vous êtes pareillement la solution !

La réflexion peut commencer (par) là ! L'analyse et la compréhension se font jour, les choix se profilent…

Songez-y et agissez avec la simplicité et la légitimité requises.

6.3 Ce qui ne tue pas rend plus fort…

Le propos fait écho à la spiritualisation de la maladie propre à Friedrich Nietzsche. J'y vois la découverte de soi et son entrée dans la philosophie qu'il dit devoir à la maladie (Ecce Homo). Au gré des circonstances et des interlocuteurs, soucieux de pondérer le poids de l'affirmation, nous pourrions ajouter ou pas, ou handicapé.

Maladie et souffrance ne nous renvoient-elles pas à une expérience de reconnaissance obligée de soi et des autres, toujours subies, jamais voulues, drainant des savoirs dont certains sont indésirables… Est-on jamais prêt à faire face, contraint, à l'inconnu, à l'inénarrable ; à percevoir et à choisir, soumis ; l'Essentiel, aux dépens de l'Accessoire, de la vie, de son quotidien.

Jean-Luc Nancy dans L'Intrus nous livre ainsi son expérience :

On sort égaré de l'aventure, à la fois aiguisé et épuisé, dénudé et suréquipé, intrus dans le monde aussi bien qu'en soi-même.

La souffrance et la maladie ne sont décidément pas (que) des métaphores…

6.4 Être ou se sentir trahi(e)

Certaines s'épanchent sur la trahison, en abordant la teneur, les émotions, les effets, la douleur et en proposant quelques réponses et ripostes, teintées de bienveillance, de résilience et d'amour de soi...

Cela, à la lumière d'une démarche de coaching voire de développement personnel.

Je m'en écarte. Je constate trop souvent l'assimilation préjudiciable de deux notions dont la différenciation est opportune et nécessaire :

Se sentir trahi(e) ≠ Être trahi(e)

Songez-y d'abord.

Très probablement, analyserez-vous situation, difficulté, perspective voire réponse sous un prisme nouveau... Ou mieux, sans prisme.

Imaginez ensuite les développements requis et possibles, à bien des échelles...

6.5 Votre communication, singulière

En échouant à communiquer comme cela est attendu, vous vous découvrez. Voilà qui est parfait !

Vous êtes prêt à apprendre, à comprendre puis à faire de votre singularité un atout inestimable, à ciseler...

6.6 Faire et se faire

Je suis toujours aussi émerveillée de la modernité des *anciens*. Je songe au *poïein* et au *prattein* grecs, faire et se faire (les deux premiers niveaux de l'action que distingue Aristote).

Le *poïein*, ce *faire* qui selon Maurice Blondel, *s'étend à toutes sortes d'opérations, depuis celles qui modèlent de la glaise jusqu'aux réalisations les plus hautes de l'artiste ou du poète. Car il s'agit toujours d'exercer ce métier de fabrication idéaliste qui a fait définir l'homme : homo Faber.*

Le *prattein*, ou *l'agir* qu'il désigne, vise à nous façonner d'abord nous-mêmes, à constituer notre personnalité. Le *prattein* s'ouvre sur le troisième niveau d'action qu'Aristote appelle le *qeorein,* la contemplation.

Dans la perspective d'Aristote, le *faire* n'a de sens que s'il s'accompagne du souci de *se faire* qui à son tour n'a de sens que s'il est nourri par la contemplation. Se faire en faisant…

N'est-ce pas ce dont nous nous privons depuis la civilisation industrielle ? L'action est réduite au faire (poïein) le plus matériel, le plus utile et le plus mécanique tandis que le souci de soi - et a fortiori la *contemplation* – sont différés à d'autres temps, à d'autres lieux.

7. Raisonner, résoudre, choisir...

"Tous les discours n'avancent point les choses : Il faut faire et non pas dire."

Molière. Dom Juan ou le Festin de pierre, II,

7.1 Donner avis, opinion, conseil...

Êtes-vous déconcerté par l'attitude de qui nous demandent avec empressement, notre avis, notre opinion ? Ils évoquent très brièvement les leurs puis nous assaillent. Il y va de la couleur des murs de leur salon, de leur carrière professionnelle, de l'éthique, de politique ou de la conduite amoureuse ou conjugale...

Suspendus à nos lèvres, ils semblent en attente d'un éclairage, d'un conseil, dont nous serions seuls capables. Convenons que nous en sommes flattés. Nous leur répondons, comme impliqués.

La déception parfois nous guette, tapie dans l'ombre de notre ego :

Soit que notre interlocuteur ne fasse pas cas de ce que nous lui livrons, soit au contraire, qu'il s'en saisisse, se l'appropriant et oubliant qu'il fut nôtre, d'abord...

Nous commettons là deux erreurs :

- Celle de croire que solliciter avis, opinion, ou conseil engage à les mettre en pratique ;
- Celle, concomitante, de considérer qu'ils ont valeur absolue, estampillée de notre sceau, indélébile.

Indépendamment des stratégies de séduction ou de manipulation que peuvent éventuellement servir de telles requêtes, j'ai apprivoisé un petit principe à grande portée, prévenant tout ressentiment :

Offrez avis, opinions et conseils si vous en avez envie, en toute humilité et avec un vrai détachement.

Sinon abstenez-vous élégamment mais sans justification ou faites-les payer.

La clarté des positionnements et des propos a toujours des vertus

7.2 Raison et raisonner

Raisonner ≠ Avoir raison

Ni l'intention, ni la posture, ni les effets de ces quêtes ne sont similaires.

Imaginons que la première met en exergue et en mouvement *l'être,* tandis que la seconde s'accroche à *l'avoir.*

Songez-y dès lors que vous entendez diriger, comprendre, résoudre, communiquer, coopérer, construire… bien, mieux.

Ou différemment.

7.3 "Penser que" n'est pas "penser"

Il est des formulations qui requièrent la vigilance de qui les entend ou de qui les prononce... Ou le devrait. Elles enseignent et renseignent, si ce n'est en amont de leur usage, c'est en aval...Les employer nous incite à systématiquement interroger la justesse du propos, du raisonnement... Ou le devrait.

C'est étonnant !

"Je le confirme : il est plus aisé de résoudre un problème que de bien et complètement le poser.
L'avez-vous noté, nous ne cessons de résoudre...les mêmes problèmes ?"

Moi

7.4 Faire un choix, décider

À l'échelle des personnes, des organisations, des positions et des fonctions, ces deux expressions suggèrent le geste, l'action, le mouvement, la transformation. Quelque chose d'attendu sinon d'impérieux.

Au-delà des nombreuses analyses et expérimentations d'ordre cognitif, psychologique, mathématique et statistique, elles ont en commun d'exposer, si l'on n'y prend garde, à un même travers, trivial :

- S'affranchir du (rapport au) temps et de celui du raisonnement

- Oublier leur objet et l'intention première.

Ni l'expertise, ni la qualification, ni l'exercice d'une autorité, en quelque domaine ne préservent de cette tentation. Chaque jour nous en apporte quelques criantes démonstrations.

Prendre le temps du raisonnement véritable - et non de la palabre - présente d'innombrables gains. Cela permet d'identifier, de préciser ce sur quoi et en quoi il est nécessaire et utile d'agir, ou de s'abstenir.

La considération du temps long n'empêche nullement l'action immédiate ; elle lui confère, me semble-t-il, sa cohérence, sa légitimité.

La réflexion, le réel, le temps long, la responsabilité, apprivoisés et conjugués, se font féconds.

7.5 Au secours, Socrate !

Socrate soucieux de la quête de la vérité et de la justice, l'affirmait : *Une vie sans examen ne vaut pas la peine d'être vécue.*

Cette posture d'examen et cette ouverture d'esprit nourrissent et fondent la méthode socratique, instrument de discussion et d'enseignement.

La méthode s'attache à quelque point de désaccord, de litige voire de conflit.

S'obstinant à les circonscrire, à les définir et à mieux les appréhender, souvent parvient-on à la découverte de contradictions, d'aberrations voire au renversement de quelques hypothèses.

Et c'est là l'intérêt de la chose. L'issue de cette démarche ne tient pas nécessairement à une bonne réponse ou à un consensus mais à une compréhension plus fine de notre pensée et de celle des autres, au bénéfice d'une vérité que nous tentons d'approcher.

Socrate pareillement soucieux de moralité et de vertu et croyant notamment au bien objectif, suggérait de passer chaque information aux cribles :

- De la vérité : nous obligeant à la vérification de l'information et de la fiabilité de la source ;

- De la bonté (ou intentionnalité aujourd'hui)

- De l'utilité (la portée, l'usage de l'information…)

Et Socrate d'interpeller son ami :

Si ce que tu as à me raconter n'est ni vrai, ni bon, ni utile, pourquoi vouloir me le dire ? Je ne veux rien savoir. De ton côté tu ferais mieux d'oublier tout cela !

7.6 Préférer le problème à la question

Il est des constats déconcertants…Avez-vous remarqué qu'il est pour certaines personnes plus douloureux, voire insoutenable, d'être interrogées ou interpellées sur la validité de leur raisonnement que d'affronter les conséquences fâcheuses des décisions qu'il entraîne ? Peu importe le registre et l'activité, professionnels ou personnels.

Une certitude monolithique, une critique mal vécue et l'entêtement comme seule réplique ? L'aveuglement au service d'une détermination ?

Peut-être est-ce le caractère finalement répandu de cette attitude, chronique ou circonstancielle, qui est déroutant, inintelligible, agaçant.

Il est judicieux de la repérer, de veiller à la comprendre afin d'y faire écho avec justesse a fortiori si elle est nôtre.

7.7 L'effet réverbère

Ayant égaré ou laissé tomber un petit objet, dans la rue, en pleine nuit, nous sommes tentés de cantonner notre recherche à la lumière du réverbère, soit-il pourvu de leds…

Rien ne prédispose un objet nous ayant échappé à demeurer sous ce halo. C'est, il est vrai, le seul périmètre éclairé.

Cette parabole est éclairante et transposable à bien des postures que nous cultivons, souvent inconsciemment.

Comme équipés d'une puissante lampe torche, élargissons le périmètre de recherche, regardons autrement, ailleurs, plus loin…

Nous retrouvons parfois ledit objet… ou apprenons à nous en passer.

7.8 Comprendre, raisonner, partager

Sont-ce mes qualifications, connaissances et compétences, qui se révèlent performantes dans l'accompagnement de mes clients ? Ou serait-ce ma capacité à y prendre appui pour leur exprimer ce que je ne comprends pas de leurs comportements, doutes, craintes ? J'imagine aujourd'hui que ce savoir, cette connaissance, cette expérience nourris, lustrés autant que triturés légitiment ce qui constitue une clé d'élucidation.

Ainsi, en exprimant ce que je ne comprends pas avec honnêteté et bienveillance, je laisse entrevoir une autre lecture, une autre perspective.

Un pas de côté, au-delà du halo de lumière du réverbère…

8. De la langue et de sa pensée

8.1 De la langue française

De l'abdication linguistique à l'assujettissement économique et culturel...

La langue n'est pas un simple véhicule de communication, elle met en jeu des phénomènes psychologiques complexes au niveau personnel. Elle constitue un fait social, une façon de voir, de vivre et de "dire" le monde sans même évoquer les dimensions économiques, culturelles, scientifiques, technologiques qui le façonnent autant qu'il les façonne. Emil Cioran disait simplement : "On n'habite pas un pays, on habite une langue...".

Serait-ce le problème ?

Roy Preiswerk évoquait ainsi le principe d'auto-colonisation :

" le partenaire soumis ou indépendant accepte volontairement les systèmes de valeur, les formes de comportement et les schémas de pensées extérieurs rendant ainsi superflu l'exercice de la contrainte par le partenaire dominant.". Et dire que ce propos date de 1975 (Cf: Relations culturelles et développement dans Le savoir et le savoir faire PUF).

Une politique et une posture linguistiques sont certes délicates à penser et à déployer à l'échclle d'une nation, notamment à l'aune de relations et de contraintes économiques complexes.

Si aucune culture ni aucune langue ne peuvent vivre en autarcie ayant besoin d'apports extérieurs, ceux-ci ne peuvent tenir de l'imposition et de la coercition, même cosmétiquées et auréolées d'une ultime "modernité". La diversification linguistique est source de respect mutuel et d'équilibres internationaux et contre-feu à quelque tentative d'hégémonie "offerte" sous couvert de rationalité, de (prétendue)neutralité et de mondialisation, au profit d'un marché le plus vaste, le plus lisse et le plus homogène possible. La langue que nous employons influe sur notre manière de penser. D'aucuns s'en félicitent ; d'aucuns s'en offusquent...

Imaginons que le français, d'autres langues et d'autres cultures s'insurgent clamant un même "ni troglodytes, ni soumis", forts de leur droit inaliénable à exister...

8.2 De l'anglais, perspective écologico-culturelle

"Un jour surviendra où nous serons face à une crise psychologique considérable : le monolinguisme régnera sur une planète qui subira la domination économique de l'anglo-américain, qu'on nomme déjà "l'espéranto du commerce". [...] C'est quelque chose qui ressemble étrangement aux disparitions de climats, d'espèces animales ou d'une flore, véritable massacre de la diversité merveilleuse de cette planète et de ses conditions d'existence."

Georges Steiner. Entretiens. Ed. 10-18 (2000)

8.3 *Bullshit*

Il me semble aisé de traduire *bullshit* en *merde de taureau*.
Sans doute est-il plus sensé au regard de l'esprit de la langue et de la culture qui l'ont forgé, de traduire ce qu'il entend exprimer au regard des nôtres.

Ce terme est affligeant mais moins que les vertus qu'on lui prête, valant raisonnement et éviction de toute analyse.

C'est un qualificatif rachitique et polyvalent appliqué indifféremment à des propos, des produits, des activités : des foutaises, au job sans qualité en passant par la crème antirides ou la malbouffe, rien n'échappe aux facilités qu'il promet.

Cela étant, il rappelle le danger de l'abus d'anglicismes : veut-on *d'un monde qui n'aurait plus, pour se dire, qu'une seule langue** ?

- Claude HAGÈGE, Halte à la mort des langues, Ed Odile Jacob, 2000 et Georges Steiner. Entretiens. Ed. 10-18, 2000

8.4 La babelisation de l'entreprise

Beaucoup estiment que la politique linguistique française s'était montrée déterminée à neutraliser les anglicismes (Loi Toubon de 1994 et décret du 3 juillet 1996).

Peu d'études linguistiques ont été réalisées sur les emprunts et les anglicismes qui nous permettraient de comprendre leurs usages.

D'aucuns, comparant la France au Québec avanceront la faiblesse de son aménagement linguistique.

L'usage effréné d'emprunts sémantiques ou d'anglicismes (intégraux mais surtout hybrides) serait, au gré des avis, motivé par une supériorité de la terminologie anglaise, l'amplitude internationale de cette langue, une marque de snobisme, le souci d'une allure savante ou de modernité, une quête de la facilité voire une mystification.

Au-delà de la gêne voire de l'exaspération qu'ils inspirent, ces glissements renvoient à une première hypothèse. Ces emprunts et anglicismes systématiques ne reflètent-ils pas la méconnaissance de la langue française et de ses richesses, habilement camouflée dans ces amphigouris ?

Ne nous faut-il pas être également attentifs à la signification de ces vocables pris dans leur contexte et culture originels et à ce qu'ils peuvent induire dans les pratiques ? S'exonérer de tels emprunts ne revient-il pas alors à réfuter ce qui les gouverne et à favoriser ce qui nous en distingue, notre culture, notre langue et son esprit ?

Emmanuel Jaffelin dans son livre Petite philosophie de l'entreprise (Ed. François Bourin. 2012) évoque une labélisation de l'entreprise. *Le vocabulaire place l'entreprise en situation d'insularité au regard du reste de la société et le mélange des langues concourt à la confusion des esprits.* Et d'ajouter *que le recours aux vocables anglomorphes couperait le salarié de sa famille et de la société, en l'immergeant dans un imaginaire de pacotille censé lui donner l'impression d'appartenir à une autre famille, l'entreprise.*

9. Communication : ses mots et ses maux

9.1 Des dénominations

Dans son *Introduction à Confucius* Simon Leys rappelait que Confucius avait souvent dit que, si seulement un souverain voulait bien l'employer, en un an il accomplirait beaucoup, et en trois ans il réussirait.

Un jour, un de ses disciples l'interrogea :

-Supposez qu'un souverain vous confie un territoire que vous pourriez gouverner à votre guise ; quelle serait votre première initiative ?

- Ma toute première tâche, répondit Confucius, serait assurément de rectifier les dénominations.

Le disciple fut interloqué :

- Rectifier les dénominations ? Et ce serait là votre priorité ? Parlez-vous sérieusement ?

Et Confucius de lui expliquer :

- Si les dénominations ne sont pas correctes, si elles ne correspondent pas aux réalités, le langage est sans objet. Quand le langage est sans objet, l'action devient impossible, et, en conséquence, toutes les entreprises humaines se désintègrent : il devient impossible et vain de les gérer. C'est pourquoi, la toute première tâche d'un véritable homme d'État est de rectifier les dénominations.

Ce propos aurait-il inspiré Camus affirmant dans la revue "Poésie 44" : *Mal nommer un objet (de philosophie), c'est ajouter au malheur du monde…*

9.2 Le sens des mots, saperlipopette !

Un médecin évoquant quelque danger à s'exonérer de certains gestes affirmait dans une interview :
La personne a plus de chances de tomber malade…
L'erreur langagière assimilant la chance au risque est fréquente.
La chance désigne ce qui est favorable ; le risque suggère un danger.
Ce monsieur aura donc plus de risque de tomber malade avant d'avoir éventuellement plus de chance d'être soigné voire de guérir.
De telles erreurs n'empêchent pas de saisir la teneur et l'intention du propos ; en revanche, elles en altèrent la qualité.
Détail, direz-vous. Imaginez cette tache minuscule, cet accroc à peine visible mais qu'on repère d'autant plus que l'étoffe du vêtement est belle et précieuse…
En ciselant votre expression, vous en renforcez la puissance et vos chances de réaliser vos ambitions et objectifs plus que vous ne prenez de risques d'échouer ou de déplaire…

9.3 Le babillage adulte

Je découvre l'usage récurrent par certains adultes, et non des moindres, d'une technique de communication très enfantine. Elle consiste à invoquer avec une spontanéité toute rafraîchissante l'insuffisance, l'erreur, la faute de quelques voisins ou copains pour atténuer les leurs, objectivement contestables.

Quelques loustics, dont l'arrogance attend rarement le nombre des années, nous surprennent à ne plus même briguer félicitations sinon admiration tant elles leur semblent acquises.

Songeons à Montaigne qui dans le Chapitre De l'expérience de ses Essais écrit :

Et au plus eslevé throne du monde, si ne sommes assis, que sus nostre cul.

Autrement dit sur *le plus beau trône on n'est jamais assis que sur son cul !*

De la part d'enfants ou d'adolescents, cette impertinence est drolatique, corrigible ; de la part d'adultes, elle est creuse, insultante et délétère…

Cela dit, tout acte de communication aussi élaboré, théâtral et protocolaire se croit-il, s'exonère rarement de l'information qui le porte et qu'il porte, au corps défendant de ses auteurs, souvent.

Destinateur : Veillez à votre intention, ciselez votre propos. Si cela vous est possible, mobilisez probité et courage… Ou abstenez-vous.

Destinataire : Écoutez, lisez, très attentivement et observez pareillement… À la lumière de ce qui vous importe. Avec probité et courage.

« De quelque façon et par quelque moyen qu'on décompose une collectivité en groupes — ancienneté, choix, examens, concours — dans les divers groupes, la proportion des imbéciles est la même. »

Detœuf

9.4 L'art d'accueillir la fausse sollicitude

Il est des propos qui me déconcertent tant l'intention qu'ils servent m'échappe. Ils sévissent, apparemment anodins.

Ainsi la formule « **Tu as mauvaise mine** ! » enrubannée de sollicitude, accompagnée d'un ton et d'un sourire compassés, voire d'une main sur l'épaule… Enrubannée, disais-je.

Examinons avec bonhomie la chose quand elle s'exerce, par exemple, au cœur des activités et territoires professionnels. Il est vrai que le bien-être, le bonheur au travail et autre développement personnel tiennent aujourd'hui d'une injonction que la mine doit afficher…

Les intentions conscientes ou non sont nombreuses, hétérogènes. Voyons-en deux ordinaires, classiques.

Soit la préoccupation est maladroite, mais sincère, suggérant indirectement au destinataire de pareillement s'en soucier.

Soit elle tient d'appréciations et/ou d'objectifs ambigus qu'il est sage de simplement repérer, sans plus d'intérêt que nécessaire.

Plutôt que de riposter par un **" Merci ! "** pouvant témoigner d'une vexation ou d'une susceptibilité qui seront interprétés, la simplicité d'un **"Ah, Et ? "** est inversement proportionnelle à son effet.

Il est possible de l'étoffer ou pas, selon l'importance qu'on accorde à l'interlocuteur ou le souhait d'amplifier un embarras déjà inévitable. La formule ramène l'interlocuteur à la responsabilité de son propos et à quelque développement, logique.

"J'avoue ressentir une aversion pour le tutoiement. […] À l'origine, [le tutoiement] doit traduire une intimité confiante, mais si les gens qui se tutoient ne sont pas intimes, il prend subitement une signification opposée, il est l'expression de la grossièreté, de sorte que le monde où le tutoiement est d'usage commun n'est pas un monde d'amitié générale, mais un monde d'omniprésent irrespect."

Kundera, Milan. La plaisanterie. Ed. Gallimard, 1975.

9.5 De l'ennemi à l'ami commun

Dans toutes les affaires humaines – personnelles, professionnelles, sociales, politiques… - la désignation d'un ennemi commun comme l'attisement de quelque peur sont des tactiques de diversion généralement efficaces, toujours arrogantes, fainéantes et peu coûteuses, volontiers méprisantes, donc médiocres.

Elles ne sont ni ambition, ni projet et pas davantage démonstration, solution ou engagement.

La posture communément pratiquée mais différemment enrubannée a une vertu : elle est éclairante sinon sur le fond du sujet du moins sur le fond, de qui y a recours.

Songez-y avant d'en faire un usage, aussi altier et injonctif soit-il, ou d'en être les destinataires ou les témoins…

La désignation d'amis communs expose à peu près aux mêmes affres…

9.6 Observations, petits conseils,

Dans un débat, une discussion, un exposé, un discours :

- La justesse de la cause que vous défendez
- La légitimité de vos requêtes
- Le consensus autour de votre décision
- La reconnaissance dont vous bénéficiez voire
- La sympathie que vous inspirez,

ne constituent jamais **ni argument ni démonstration.**

C'est là le creuset de bien des déceptions, déconvenues voire échecs. Au contraire de ce que leur antériorité, leur évidence, leur valeur pourraient, à tort, suggérer, ils ne tolèrent jamais l'approximation mais exigent une élaboration fine, rigoureuse, implacable à la hauteur des intentions et objectifs qu'ils prétendent servir.

9.7 Comprendre ou l'affirmer

Il est des formules dont l'usage abusif et agaçant exprime, l'inverse de ce qu'elles énoncent, pire, oriente voire clôture la discussion.

Ainsi :

> *Je comprends – je vous comprends*

Songez-y. Peut-être réviserez-vous votre propos, à moins évidemment que vous et lui vous ne soyez sincères, dans les affaires, la relation client/usager/citoyen. En politique, pareillement...

Personnellement, je m'emploie à :

> *M'efforcer sincèrement de comprendre...*

Et j'ose le dire.

10 Travail, emploi, management

10.1 Du temps, des espaces, des désirs

Le travail, l'emploi, la profession, l'activité et la formation professionnelles, occupent la majeure partie de notre existence et de notre temps disponible. Nous les espérons source de réalisation et d'épanouissement. Ce sont aussi des temps et des espaces où des questions, des doutes, des besoins et désirs divers surgissent.

S'empêcher de les exprimer comme de les entendre est source de difficultés, de stress, voire de souffrance pour les personnes et de problèmes pour les organisations, les entreprises.

Les responsabilités et l'autonomie sont des circonstances changeantes et susceptibles d'être interrrogées.

10.2 Du travail au Chief Happiness Officer

L'usage encore tenace de ce terme anglo-saxon et des idées qu'ils véhiculent, m'interpelle, pour de multiples raisons. Serions-nous incapables de mettre en mots notre culture de la *chose* ? À moins que nous ayons quelques difficultés à l'identifier, à la définir. D'aucuns éprouveraient de la gêne, à l'aune d'un bonheur coincé entre *Chief* et *Officer.* Le ton est donné.

Certaines révélations sont déroutantes désignant le *bonheur au travail* comme une attente *universelle*.

Excusez du peu. La légèreté des énonciations aux plans sociologique, anthropologique, philosophique et culturel et celle des postulats sous-jacents m'incommodent.

Cette *attente universelle* tient-elle au bonheur au travail ou au bonheur ? Ce bonheur tout court, si court parfois, toujours simple.

Le bonheur n'est-il pas une quête personnelle, intérieure, un mystère que philosophie(s) et spiritualité(s) s'évertuent à percer encore ?

À force de viser tantôt le bonheur au travail - présomptueuse ambition s'il en est - tantôt le bien-être - si convenu et si sage - ne (se) prive-t-on pas du simple plaisir, plus consensuel, convivial, pragmatique mais finalement très accessible et plein de sens ?

Plutôt que d'invoquer ou d'évoquer le bonheur ou le bien-être au travail, ne pourrions-nous d'abord nous concentrer sur le travail et sur l'emploi ? Avisés, ceux qui prétendent y veiller voire le faire à notre place veilleraient alors simplement et sans artifice, à ce que ni l'un ni l'autre ne contrarient le seul bonheur qui vaille : celui que nous éprouvons, vivons à notre aune, sans désir ni besoin de le mesurer.

10.3 Savoir, Connaissance, Compétence

Je propose, comme tant d'autres, de considérer *le savoir* en tant que processus continu de recueil, d'accumulation, d'assimilation et d'organisation de données, concepts, méthodes, etc.

La connaissance tient, selon moi et d'autres, à l'ensemble des choses connues d'un savoir mais désigne en même temps celui qui connaît.

Le *savoir intériorisé* devient *connaissance* ; et cette dernière est une construction indissociable du sujet connaissant. Elle relève de l'être et du singulier, n'est donc ni parfaite, ni absolue.

De *la compétence*, je dirais que s'appuyant sur la connaissance, elle ne s'y réduit pas. Elle mobilise un ensemble de ressources plus ou moins complexes et se réalise dans l'action, espérée efficace, à laquelle elle ne préexiste pas.

10.4 L'action managériale

Ouvrages, articles et autres analyses, se penchent, s'épanchent régulièrement sur « le » management, criant haro sur lui.

Je m'interroge, agacée par la légèreté qui là encore y préside.

L'action managériale, forcément plurielle, n'incarne-t-elle pas une pratique sociale, paradoxale voire illusoire ? Ne devrait-elle s'autoriser enfin à admettre et à dire pour les dépasser ses contradictions, ses imperfections, ses tâtonnements, ses limites ? L'exercice et la posture, seraient d'autant plus sensés que les deux se garderaient de toute mode et autres injonctions magiques.

Imaginons que, lucides, les déclinaisons du management s'enrichissent de jeux de pouvoirs et de contre-pouvoirs qu'ils mettraient en lumière, en mots puis en action. Cela serait source d'équilibres nécessaires à la société (humaine) qu'ils habitent et qui les habitent.

Saisir la *Complexité du Réel* comme le préconise Edgar Morin, est à la fois l'enjeu et la clé, en cette matière aussi, me semble-t-il.

10.5 Entre Autonomie et liberté

Les cordiales injonctions à l'autonomie et à la liberté qui caractérisent - notamment - certains discours managériaux devraient, à minima, nous interpeller.

Tout ce qu'ils véhiculent de sommations - s'affirmer, gérer ses émotions, oser, entreprendre, être responsable, prendre des risques - persiste à se confronter à la réalité des rapports de pouvoir et de contrôle (intérêts des actionnaires, des salariés, des clients, de la société etc.) Cette injonction ne génère-t-elle pas une « barbarie douce » (Bernard Le Goff) et une « double contrainte » ?

Sans doute est-il déconcertant d'admettre que plus un "système" est autonome, plus il est dépendant. Plus il s'enrichit en complexité et en relations diverses avec son environnement, plus il amplifie son autonomie et démultiplie ses dépendances. L'autonomie est toujours à la mesure de la dépendance. Le travail, l'emploi ou l'activité professionnelle, n'y échappent pas.

Plus on est autonome, plus on a de dépendances ; plus on est responsable, plus ces dépendances sont intériorisées.
Je songe au propos de Michel Foucault « ...derrière la liberté, il y a toujours caché l'enfermement. »

10.6 *Soft skills* ?

Intuitivement, j'associe soft à quelque adoucissant censé préserver nos fragiles épidermes des effets du lavage et de l'essorage sur notre linge.
Je visualise la photo de jolis petits petons de quelque bébé joufflu. Je le vois triompher sur ces drinks offrant leur flacon et jamais l'ivresse. De la douceur, du moelleux, de la sobriété.
Je l'admets ce mot m'inspire autant que ses synonymes : *smooth* or *malleable*...

Je me ressaisis comprenant que l'expression désigne des "compétences non techniques" et/ou des "compétences générales". Quelques experts de la chose, auteurs d'un ouvrage de référence préfèrent d'ailleurs les qualifier de "compétences comportementales, transversales et humaines"». Plus ils illustrent leur propos, moins je comprends. Forbes

L'évolution du monde du travail et son recours croissant à la robotisation, à l'automatisation et à l'intelligence artificielle, obligerait à "miser sur le capital humain, donc les soft skills". Et d'ajouter "ce sont toutes ces qualités personnelles qui transforment un salarié lambda en un collaborateur efficace, agréable et entraînant pour le reste de l'équipe." Cela m'apparaît aussi clair que les ambiguïtés et questions que cela soulève...

Je m'en veux terriblement de ne pas savourer la substantifique moelle de ces recommandations et de leurs intentions. Force est de déduire de la revue de littérature que ce sont des compétences qu'une logique voire une doxa managériales seraient fondées à exiger des collaborateurs sans toutefois les requérir pareillement des dirigeants.

Quelques questions me taraudent :

Avant de les incorporer à ce vocable post-moderne comment considérait-on ces qualités et compétences qui, sauf erreur, préexistent, à divers degrés ?

Fut-il jamais possible à quelque collaborateur de se départir de sa nature et de ses qualités humaines ou à quelque manager d'exiger de les neutraliser et d'y parvenir ?

D'aucuns ne découvrent-ils pas aujourd'hui les vertus de ce qu'ils ont sous-estimé ou décrié hier ?

Je me le demande, les "soft skills" ne sont-elles pas ces dispositions naturelles et ce bon sens qui s'exonèrent de quelques modes et terminologies managériales ?

10.7 Adjoint(e)s et tâtonnements...

Assumer et incarner pour la première fois, une fonction, un rôle peut être déroutant, même pour les plus brillants de vos adjoint(e) s. La sensation est amplifiée par des enjeux forts notamment au sein ou en face d'une assemblée.

Non contente d'anesthésier quelques-unes de leurs capacités et compétences, cette première expérience peut parfois engourdir leur aptitude à en évaluer justement les résultats.

Pour qui est entré ou poussé dans l'arène, le seul fait d'en sortir indemne peut être une victoire amplement suffisante. Le soulagement de n'avoir pas été dévoré par les lions est euphorisant !

Permettre à vos collaborateurs et collaboratrices de vous accompagner régulièrement, de vous voir à l'œuvre, d'appréhender vos pratiques et vos méthodes est certes nécessaire, rarement suffisant. L'effet pygmalion et l'émulation ne déterminent ni ne garantissent seuls le succès d'une action, d'une mission, d'une posture, d'une réaction.

- Avoir en qualité de dirigeant une conscience bienveillante et fine des marges de progrès de vos collaborateurs présuppose donc :
- D'ajuster sciemment votre degré d'exigence aux circonstances, aux défis, aux personnes ;
- Non pas de les préparer à entrer dans une arène, mais à apprivoiser au gré des circonstances et des lieux, l'incertain, l'imprévisible, l'humain…
- De commenter voire de rejouer l'action/ la scène ;
- D'accepter l'erreur et de bannir l'arrogance…

10.8 Du management (et) de l'urgence…

Sollicitée afin d'aider une équipe (médicale) déclarée en difficulté par certains, en crise par d'autres, je notais que la préoccupation était légitime, les risques et les enjeux aux plans humain, managérial, stratégique, institutionnel, tangibles.

À la lumière des premiers éléments d'analyses recueillis, j'élaborai un canevas d'intervention que j'aurais ajusté et complété au gré des besoins révélés en cours d'intervention… Ma singularité.

Étonnée par son silence, je contactai la direction qui m'avait sollicitée en urgence. Celle-ci m'annonça devoir différer toute intervention, ayant à mobiliser ladite équipe sur d'autres priorités notamment réglementaires et institutionnelles.

Saperlipopette (interjection atténuée)! Certaines instances dirigeantes s'appliqueront-elles enfin à une analyse et à une démarche managériales, précises, globales et complexes, soient-elles incommodantes ? Celles-là mêmes qui, ayant repéré un point de bascule préjudiciable, vont s'évertuer à d'abord identifier et comprendre les dysfonctionnements, malaises, *malentendus* ou *mal-énoncés*. Et cela avant de les résoudre.

C'est bien le rapport au temps long, la considération des enjeux au-delà de l'événement qui fondent un management utile, fécond et durable.

Je le constate :

- La solution et l'outil ne sont pertinents et efficaces que s'ils sont opportuns…
- En définissant DES priorités, LA priorité souvent s'échappe…

10.9 Pervers narcissiques, psychopathes et diagnostics !

Avez-vous noté l'actuelle profusion de diagnostics psychopathologiques amateurs ?

Les notions floues et les énoncés ambigus qui, illégitimes, s'exonèrent de rigueur et/ou de contextualisation mais dont on est certain qu'ils feront mouche pullulent.

La psychiatrie s'est interrogée sur des étiquettes diagnostiques. Son ambition n'est pas de déléguer ses attributions au tout-venant.

Ne doit-on pas se réjouir que taxonomie, nosographie et diagnostics psychopathologiques soient l'apanage de spécialistes ? Je redoute, pour moult raisons, l'improvisation des voisins, confrères, collègues ou amis aussi documentés et bien intentionnés soient-ils.

Il est vrai que dans ce jeu, le *diagnostiqueur* n'est pas à l'abri d'un diagnostic dont il serait, à son tour, l'objet…

Je m'interroge : en vertu de quoi la dimension psychologique ou psychiatrique d'un trouble (avéré, perçu, imaginé ou interprété) admettrait un diagnostic *amateur*, ce qu'aucun autre problème d'ordre médical ne tolérerait ?

Les univers professionnels - et non seulement celui de l'entreprise révèlent voire nourrissent des personnalités dites problématiques au cœur de collaborations parfois difficiles. N'est-ce pas alors ce qu'il faut très précisément interroger, tout comme cette propension à *diagnostiquer* ?

"La moquerie [...] est de toutes les injures celle qui se pardonne le moins ; elle est le langage du mépris, et l'une des manières dont il se fait le mieux entendre [...]"

La Bruyère – Les caractères / Essai et Critique/ De l'homme/ 78 (I)

11. Des femmes

Une fronde s'est organisée contre la règle grammaticale selon laquelle le masculin l'emporte sur le féminin, datant du XVIIème siècle. Sans critiquer l'intention, je cherche à comprendre. N'y a-t-il pas confusion, interprétation voire amalgame ?

Cette règle, que d'aucuns déclarent scélérate, est-elle le fait de grammairiens sexistes soucieux de traduire la domination masculine ? Je l'ignore. Des grammairiens et d'autres s'en sont-ils saisis pour l'affubler de leurs fantasmes sexistes ? Probablement.

"Masculin" et "féminin" sont ici, et sauf erreur, des marques arbitraires servant aux accords de la langue et à son organisation ; au même titre qu'est arbitraire de déterminer qu'intelligence ou erreur sont du "genre" "féminin" alors que raisonnement ou préjugé relèvent du "genre" "masculin". Aucune "justification" ne prévaut.

A l'époque de l'introduction de cette règle, François Poullain de La Barre écrit :

"Je ne soutiens pas qu'elles [les femmes] soient toutes capables des sciences et des emplois, ni que chacune le soit de tous : personne ne le prétend non plus des hommes ; mais je demande seulement qu'à prendre les deux Sexes en général, on reconnaisse dans l'un autant de disposition que dans l'autre. (1673)"

François Poullain de La Barre. De l'égalité des deux sexes, éd. Martine Reid, coll. « folio 2€ », Gallimard, 2015.

L'étonnante "modernité" et la justesse de ce propos, ne démontrent-elles pas que l'esprit (subst.masc.) peut transcender la grammaire et les usages ? Une règle grammaticale seule pourra-t-elle jamais convaincre et persuader, ou empêcher de le faire ?

Je crains qu'à triturer notre grammaire (subst.fém.) et notre orthographe (subst.fém.) - déjà si mal maîtrisées - au nom d'un féminisme (subst.masc.) hexagonal, on ne détourne ce dernier de son objet fondamental et les premiers de leurs vertus.

Il nous faut espérer que l'éducation des filles et des garçons - d'abord produite par leurs parents - les éclaire et les guide plus utilement. Éduquer des générations - plutôt que seulement des individus - repose sur nos actes de langage et sur nos actes de communication. Cela se démontre par nos actes, dictés par notre humanisme (subst.masc.), au profit de notre humanité" (subst.fém.). Que l'on soit devenue femme ou que l'on soit né homme, le nécessaire progrès de l'humanité ne devrait-il également inspirer et réunir les "sexes" qui la composent ?

12. De notre arrogance humaine...

Ils se comportent comme des animaux entend-on pour qualifier le comportement violent, inique et intolérable d'individus.

Hélas non ! Une simple observation permet de constater que la violence *gratuite* quoique coûteuse, la barbarie, l'inconséquence, l'indigence des coopérations et autres faussetés sont humaines, seulement humaines.

À défaut de (savoir) nous en inspirer, n'est-il pas temps de cesser de convoquer le règne animal (voire végétal) pour qualifier nos errements ? Songeons, par exemple, à la compétition, à la quête de domination et d'asservissement, à la volonté de contrôle et à la cruauté, entre nous. Rien de cela n'est dicté par quelque subsistance ou survie de l'espèce. Une désignation correcte des choses et des actes sinon par justice du moins par justesse nous est-elle possible ?

Imaginons, un instant, quelque dialogue animal ponctué de joyeux :

- Cervelle d'humain
- Balance ton humain
- Mémoire d'humain
- Temps d'humain
- Caractère d'humain
- Manger comme un humain, etc.

Il semble que la gravité de nos maux et de ceux que nous causons soit inversement proportionnelle à l'intelligence que nous nous prêtons ; celle-là même, naturelle ou artificielle, que nous ne cessons de mesurer, d'évaluer, de caractériser, flattés, enorgueillis… distraits, sourds et aveugles.
Est-il possible de devenir aussi malin qu'un singe ?

"L'homme est le seul animal qui rougisse ; c'est d'ailleurs le seul animal qui ait à rougir de quelque chose".

George Bernard Shaw

Conclure par la grâce du mot...

Je veux rendre ici un vibrant hommage à Clément Rosset, philosophe, auteur notamment du livre *Le choix des mots* paru en 1995 aux éditions de minuit. Ciel que cela est éclairant !

"Sans le mot qui seul compte dans l'expression d'une pensée, la pensée en question n'est qu'un pur fantôme en attente de corps. Là où les mots manquent pour le dire, manque aussi la pensée."

En vous remerciant de m'avoir

accompagnée dans ma balade,

je vous souhaite de belles heures...

valerieb.autrice@gmail.com